Unsere Erde

MACH
10!

Rätseln, Üben, Knobeln

Dudenverlag
Berlin

Hallo Rätselfan,

Mach 10! ist der neue Rätselspaß aus dem Dudenverlag. Es warten spannende Knobeleien aus den Bereichen Deutsch, Mathe und Englisch auf dich. Jede Aufgabe besteht aus zehn Übungen. Hast du sie gelöst, darfst du die Seite auf der Checkliste abhaken und zur Belohnung einen Sticker auf die Seite kleben.

Mach 10! und trainiere spielerisch deine Fähigkeiten im Rechnen und Schreiben sowie deinen Englischwortschatz.

**An alle Welt-Entdecker:
Ran an die Stifte, fertig, los!**

Das habe ich schon gelöst:

Hake ab!

Kreuzworträtsel

Diese zehn Dinge kennst du bestimmt. Trage die Wörter in die Kästchen ein.

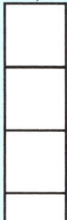

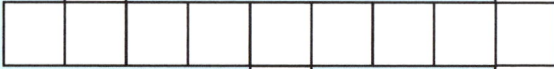

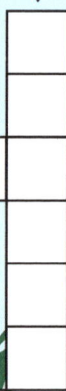

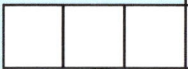

Rechne und male aus

Rechne die Aufgaben aus und male die Felder mit den Ergebniszahlen im Bild an. Was entsteht?

1. 96 − 23 =

2. 175 + 325 =

3. 99 + 99 =

4. 417 − 412 =

5. 890 + 11 =

6. 47 + 333 =

7. 500 − 215 =

8. 901 − 301 =

9. 75 + 25 =

10. 777 − 234 =

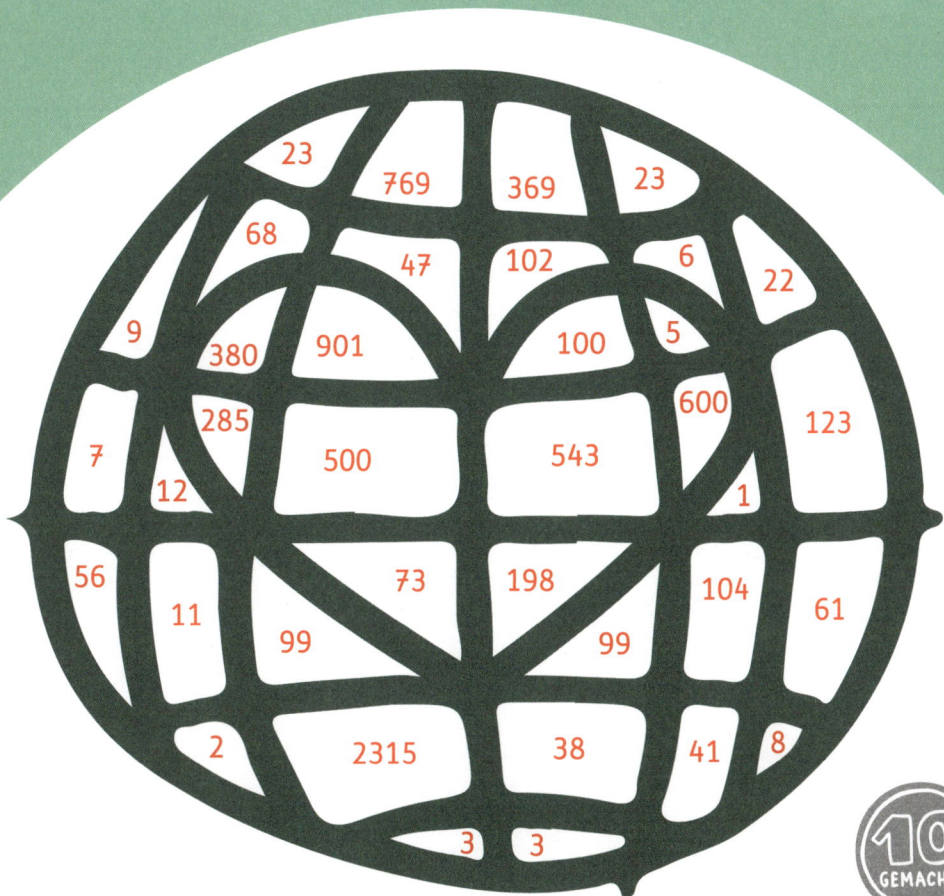

How many ...?

Wie viele? Zähle die Gegenstände und
verbinde sie mit den englischen Zahlwörtern.

three

two

five

ten

seven

four

six

nine

eight

one

10
GEMACHT!

Logische Reihe

Hier sind schlaue Ideen gefragt, um die Reihen zu vervollständigen.
Was kommt als Nächstes?

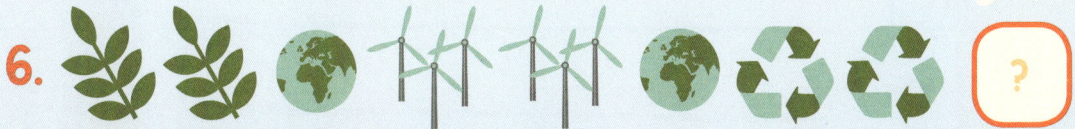

1. 💧💧🚰💧💧🚰 **?**

2. 🌳⛅🌳⛅🌳 **?**

3. 🚲🚲🚲🚲🚲 **?**

4. 🙌☘️🙌🌍🙌💧 **?**

5. 🌬️☘️⛅🚲⛅☘️ **?**

6. 🌿🌿🌍🌬️🌬️🌍♻️♻️ **?**

7. 🗑️🚰☘️🗑️🚰☘️ **?**

8. 🚗🚗🌳🌳🙌🙌🌧️ **?**

9. 🚲🌿🚲🌿🚲🌿 **?**

10. ☘️☘️☘️⛅☘️☘️☘️ **?**

meine TOP 10!

Fülle die Liste aus!

Keine Pappteller, sondern richtiges Geschirr benutzen

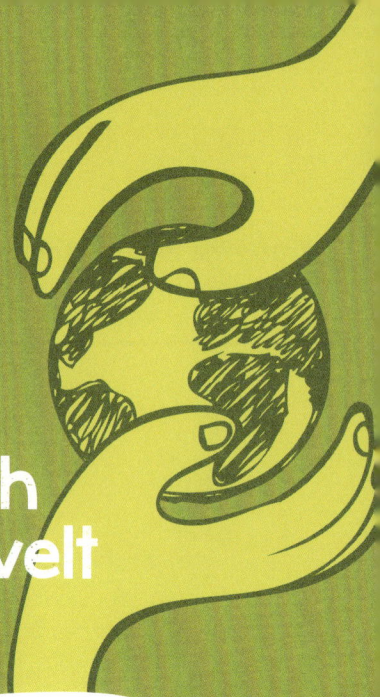

10 Dinge, die ich für die Umwelt tun kann

1. _____

2. _____

3. _____

4. _____

5. _____

6. _____

7. _____

8. _____

9. _____

10. _____

Wasser aus beim Einseifen

10 GEMACHT!

Kammrätsel

Trage die zehn gesuchten Wörter in das Rätselgitter ein.

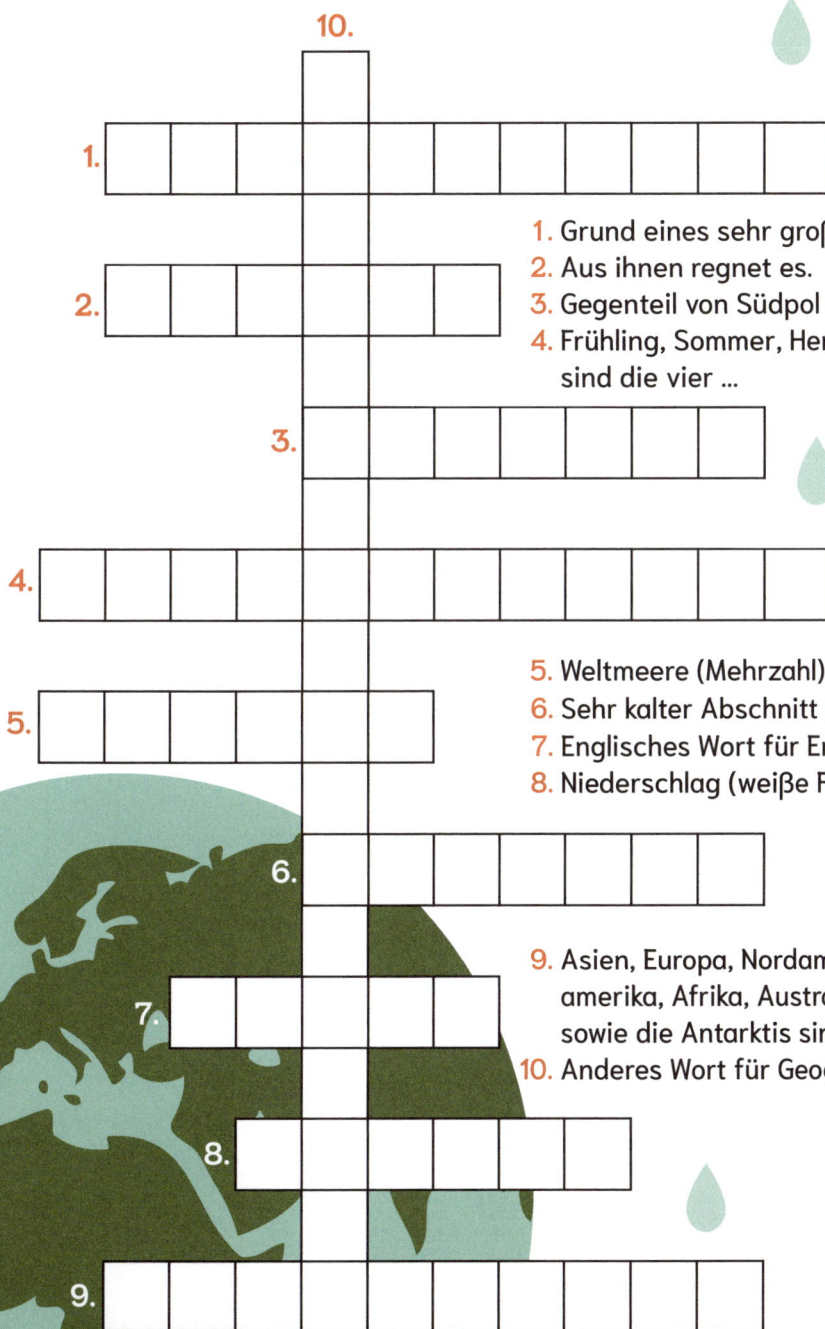

1. Grund eines sehr großen Gewässers
2. Aus ihnen regnet es.
3. Gegenteil von Südpol
4. Frühling, Sommer, Herbst und Winter sind die vier ...

5. Weltmeere (Mehrzahl)
6. Sehr kalter Abschnitt der Erdgeschichte
7. Englisches Wort für Erde
8. Niederschlag (weiße Flocken)

9. Asien, Europa, Nordamerika, Südamerika, Afrika, Australien und Ozeanien sowie die Antarktis sind die sieben ...
10. Anderes Wort für Geografie (Unterricht)

10. GEMACHT!

Klingt beschwingt

Findest du die Wörter, die ähnlich klingen?
Sie reimen sich. Schreibe sie auf.

1.

2.

3.

4.

5.

6.

7.

8.

9.

10.

Rest

Topf

Laub

Tüll

Wind

Müll

Reim

Seil

Staub

Hand

Beil

Welt

Sand

Laus

Zelt

Kopf

Haus

Kind

Fest

Schleim

In the forest

Im Wald kannst du einiges entdecken! Wie heißen Vogel, Pilz und Co. auf Englisch? Schreibe die zehn Wörter in die Kästchen.

Wortspeicher

beetle — Käfer
leaf — Blatt
bird — Vogel
mushroom — Pilz
owl — Eule
butterfly — Schmetterling
rainbow — Regenbogen
tree — Baum
flower — Blume
hedgehog — Igel

10 GEMACHT!

Größer, kleiner oder gleich?

Geht dir ein Licht auf? Setze die passenden Zeichen in diese zehn Aufgaben ein:
größer >, kleiner < oder gleich =.

1. 48 : 12   5

2. 6 · 7   7 · 6

3. 123 + 456   999

4. 15 · 4   63

5. 70 : 7   3 + 7

6. 11 · 10   85 + 24

7. 4 · 75   325 - 21

8. 34 + 56   78 + 12

9. 2 · 15 + 7   10 : 5 + 24

10. 24 : 8   1 + 2

10 GEMACHT!

Brückenwörter

Setze diese zehn Begriffe an den richtigen Stellen ein, sodass immer zwei sinnvolle Wörter entstehen.

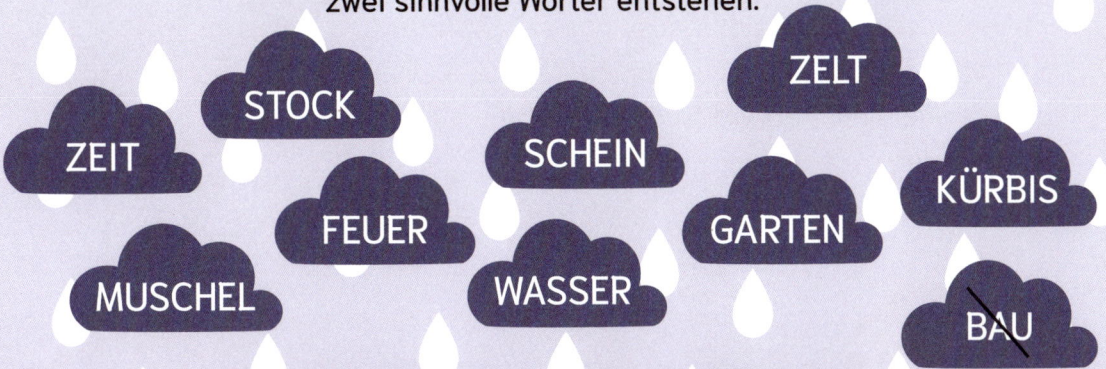

ZELT

STOCK

ZEIT

SCHEIN

KÜRBIS

FEUER

GARTEN

MUSCHEL

WASSER

BAU

FUCHS	BAU	WAGEN
REGEN		MANN
SOMMER		ALTER
MOND		WERFER
STERNEN		PLANE
OHR		KALK
LAGER		WERK
KINDER		ZWERG
ZIER		SUPPE
BIENEN		BROT

10 GEMACHT!

13

Ringpaare

Suche die passenden Halbkreise und setze sie zu zehn sinnvollen Wörtern zusammen. Lies die Wörter im Uhrzeigersinn. Den Anfangsbuchstaben musst du selbst finden.

8. GEME E

7. GERG ERG

4. ERDK

15. KÜST

5. LEGU EG

9. TSOE

16. NERE E

3. CHEL HE L

11. EGSA G E

17. WALD A L

14. GABE A B E

1.   1. + 3. = Muscheln   6.

2.   7.

3.   8.

4.   9.

5.   10.

10 GEMACHT!

Schau genau!

Finde die zehn Unterschiede und kreise sie im unteren Bild ein.

meine TOP 10!

Fülle die Liste aus!

Trinkhalm

Folie um Bio-Gurken

10 Dinge aus Plastik,
die man eigentlich nicht braucht

1. _____

2. _____

3. _____

4. _____

5. _____

6. _____

7. _____

8. _____

9. _____

10. _____

10 GEMACHT!

Do you speak ...?
Parlez-vous ...?

Sprichst du ... Englisch? Oder Französisch?
Ordne diese zehn Sätze den richtigen Sprachen zu.

2
Dänemark

B Puhutko suomea?

F Voce fala português?

1
Italien

9
England

10
Türkei

G Sprichst du Deutsch?

I Taler du dansk?

5
Spanien

4
Frankreich

C Do you speak English?

D Czy mówisz po polsku?

7
Finnland

E Hablas español?

H Türkçe konuşuyor musun?

8
Deutschland

J Parli italiano?

6
Polen

3
Portugal

A Parlez-vous français?

Lösung: A4, _____

10
GEMACHT!

18

Kreuz und quer

Finde für diese zehn Wörter den richtigen Platz im Rätselgitter.

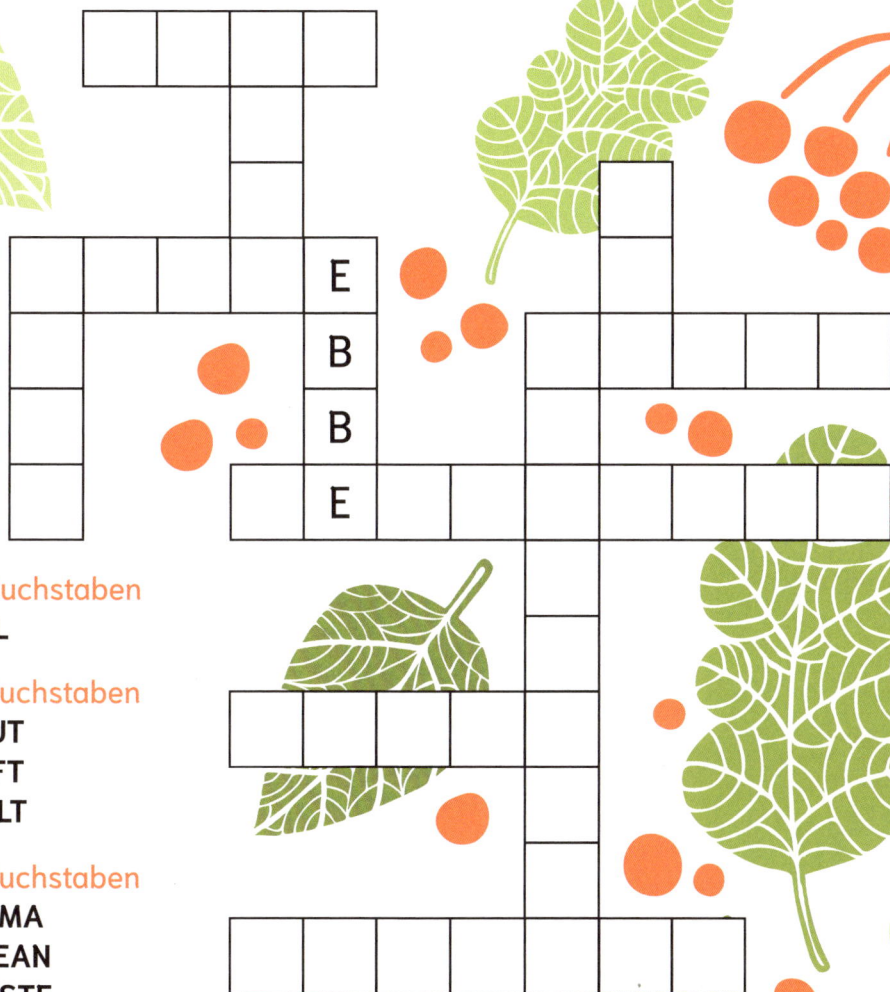

3 Buchstaben
POL

4 Buchstaben
FLUT
LUFT
WELT

5 Buchstaben
KLIMA
OZEAN
WÜSTE

7 Buchstaben
ÄQUATOR

9 Buchstaben
KONTINENT
REGENWALD

Löse die Kritzel-do-kus

Kennst du Sudoku? Dann kannst du die zehn Kritzel-do-kus bestimmt lösen. Jedes Symbol darf in jeder Zeile, in jeder Spalte und in jedem 4er-Quadrat nur einmal vorkommen.

1.

2.

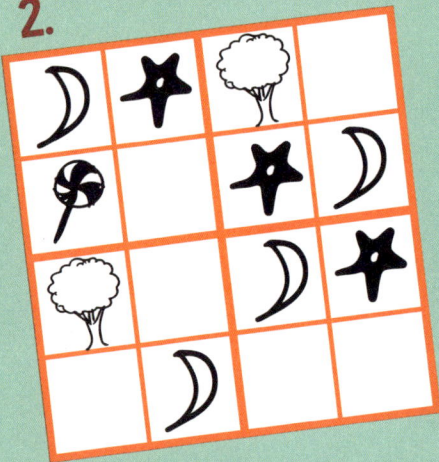

3.

4.

5.

6.

7.

8.

9.

10.

Eins, zwei, drei ...

Hier ist Köpfchen gefragt. Finde die jeweilige Regel und setze die Reihe fort.

Regel:

1. 1 9 2 8 3 7 4 **?** _____

2. 4 4 5 3 3 4 2 2 **?** _____

3. 10 9 8 7 6 5 **?** _____

4. 10 20 11 22 12 24 13 **?** _____

5. 12 13 15 18 22 **?** _____

6. 123 234 345 456 **?** _____

7. 87 76 65 54 43 **?** _____

8. 3 6 9 12 15 18 **?** _____

9. 1002 2001 2003 3002 3004 **?** _____

10. 18 36 72 144 288 **?** _____

10 grandiose Orte auf der Welt

1. _____

2. _____

3. _____

4. _____

5. _____

6. _____

7. _____

8. _____

9. _____

10. _____

Viele, viele Länder

Kannst du erkennen, welche Länder gesucht sind?
Fülle alle Lücken.

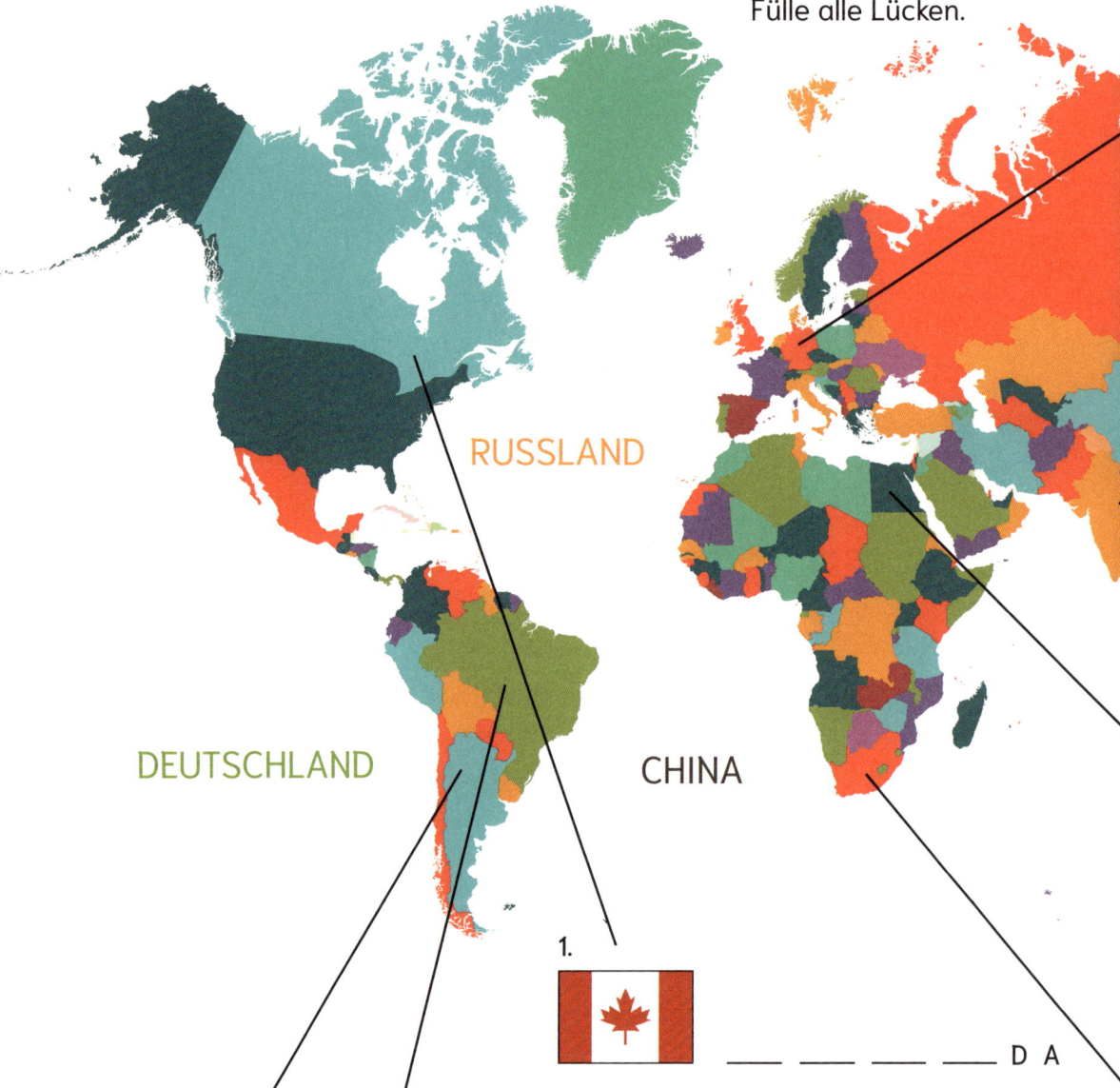

RUSSLAND

DEUTSCHLAND

CHINA

INDIEN

1.

__ __ __ __ D A

2.

__ __ A __ __ L __ __ __

3.

__ __ G __ __ T __ __ __ __

AUSTRALIEN

SÜDAFRIKA

4.

D __ __ T __ __ __ __ __ __ __

KANADA

ÄGYPTEN

5.

R U __ __ __ __ __ __ __

ARGENTINIEN

6.

__ __ I __ __

BRASILIEN

7.

__ __ D __ __ __

8.

__ U S __ __ __ __ __ __ __ __ __

9.

__ __ Y __ __ __ __

10.

__ Ü __ __ F __ __ __ __ __

25

Umwelt-Suchsel

In diesem Suchsel sind senkrecht und waagerecht zehn Wörter
zum Thema Umweltschutz versteckt.
Findest du sie?

RECYCLING

GLAS

			W	W	T	Q	B							
		A	S	Q	W	U	I	P	V	D				
	D	L	Ö	M	I	F	Z	K	Ä	C	K			
S	D	B	E	E	N	L	R	T	Z	U	U	X		
X	T	T	G	H	D	W	E	B	A	U	M	A		
S	T	O	F	F	B	E	U	T	E	L	T	T	I	A
O	J	X	A	Z	K	N	J	S	T	T	U	C	C	K
G	M	S	H	E	E	E	Z	P	U	P	F	S	I	K
Y	N	F	R	Q	W	R	N	N	O	A	Y	Ä	E	U
D	E	V	R	T	H	G	L	A	S	P	H	K	C	B
P	F	A	N	D	I	E	R	O	I	F	M	Ü		
T	R	D	F	F	E	L	G	T	E	Ä	Y	S		
X	C	Z	R	R	Z	P	D	R	N	Z				
R	E	C	Y	C	L	I	N	G						
	I	E	L	E	D									

PFAND

AKKU

LED

STOFFBEUTEL

ALTPAPIER

BAUM

FAHRRAD

WINDENERGIE

10 GEMACHT!

26

Animal tracks

Tierspuren entdecken und erkennen ist eine spannende Aufgabe.
Kennst du diese zehn Abdrücke und den englischen Namen des Tieres?
Schreibe ihn auf die Linie.

1.

2.

3.

4.

5.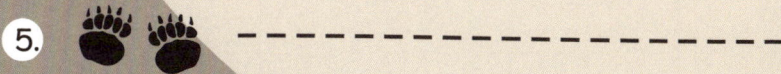

6.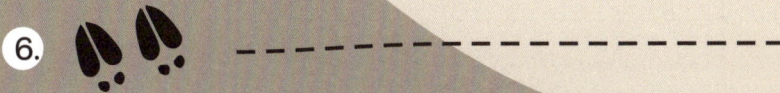

7.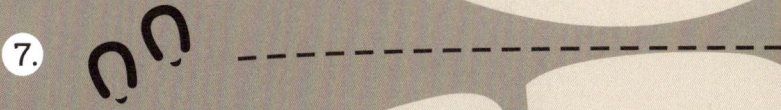

8.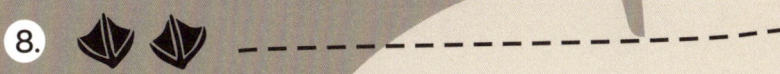

9.

10.

meine TOP 10!

Fülle die Liste aus!

Meine 10 Stromspar-Tipps

1. _____
2. _____
3. _____
4. _____
5. _____
6. _____
7. _____
8. _____
9. _____
10. _____

10 GEMACHT!

Wie spät ist es?

Auf diese Frage bekommst du zehn Antworten. Zeichne jeweils die Stellung der Zeiger in die Uhren ein.

1.
Es ist vier Uhr.

2.
Viertel nach fünf

3.
Halb sechs

4.
Zehn Minuten nach zehn

5.
Genau sieben

6.
Es ist fünf Minuten nach halb zwei.

7.
Viertel vor vier

8.
Es ist zwanzig nach drei.

9.
Es ist acht Uhr fünfzehn.

10.
Es ist fünf vor zwölf.

10 GEMACHT!

Finde die Wörter

Welche zehn Wörter sind gesucht? Die Zahlen neben den Bildern verraten dir, welche Buchstaben du streichen oder gegen andere austauschen sollst.

3=G,
4̶
5=E

1. ⬜⬜⬜⬜⬜⬜⬜⬜⬜

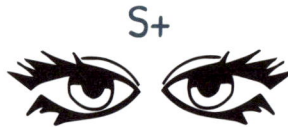

S+

3̶, 5=R

3=O
5=F

2. ⬜⬜⬜⬜⬜⬜⬜⬜⬜⬜

2=E
3=T
4=T

3. ⬜⬜⬜⬜⬜⬜⬜⬜

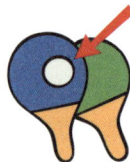

1=W
4=D

5=E
6=T

4. ⬜⬜⬜⬜⬜⬜⬜⬜⬜⬜

1̶, 2̶, 5=M, 6̶, 8=SPHÄ, 10=E

5. ⬜⬜⬜⬜⬜⬜⬜⬜

 4=G  1=T + E

6. | | | | | | | | | | |

 1=T
2̶
5=R

 2=Ä
5=T
6=E
7̶

7. | | | | | | | | | | | |

8. | | | | | | | | | | |

 1=J,
4=R

 2̶

 1=Z̶
2̶
5=T

9. | | | | | | | | | | | |

 3=L
5=R

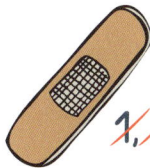 1̶, 2̶ , 4=I, 5=CH 7̶, 8̶

10. | | | | | | | | | |

31

Ein Wort passt nicht

In jeder Reihe hat sich ein Wort eingeschlichen, das nicht passt. Weißt du welches? Kreise es ein.

1. Gebirge Gestein Geschirr Geografie Gewässer

2. ökologisch grün naturbewusst umweltfreundlich nass

3. Wald Meer Teich Fluss Ozean

4. Biene Hummel Katze Marienkäfer Mücke

5. Europa Asien Australien Schweiz Afrika

6. sammeln sortieren wiederverwerten schwitzen aufbereiten

7. Himmel Wolken Klima Waschmaschine Umwelt

8. blau grün weiß frisch gelb

9. Ahorn Eiche Kastanie Pappel Tulpe

10. Vulkan Turnhalle Magma Erdoberfläche Eiszeit

10 GEMACHT!

meine TOP 10!

Fülle die Liste aus!

Duschen statt baden

Geschirr nicht unter fließendem Wasser spülen

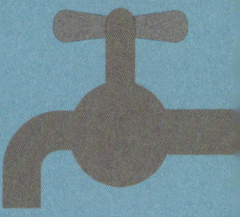

10 Dinge,
bei denen ich Wasser sparen kann

1. _____

2. _____

3. _____

4. _____

5. _____

6. _____

7. _____

8. _____

9. _____

10. _____

GEMACHT!

Die Geschichte der Erde

Wie fing alles an? Kennst du dich mit der Entstehung unseres Planeten aus? Lies die kurzen Texte und trage die richtigen Begriffe in die Lücken ein.

Alles begann vor etwa 4,6 Milliarden Jahren, als die Erde noch kein fester Körper war, sondern eine sich drehende _____ im _____. Sie bestand vor allem aus dem Element _____. Schließlich berührten sich die Staubteilchen, „klebten" aneinander und bildeten eine _____. Es entstand ein _____ aus kochend heißem Gestein: unsere Erde.

Wasserstoff   Kugel   Weltall   Staubwolke   Planet

Es dauerte viele Millionen Jahre, bis sich die Erde abgekühlt hatte. Zunächst erstarrte das Gestein an der _____. Später verdichtete sich Wasserdampf zu _____. In den tiefer gelegenen Teilen der Oberfläche entstanden die _____ und die ersten bakteriengroßen _____. Das Besondere an der Erde ist ihre Lufthülle, die _____.

Atmosphäre   Erdoberfläche   Wasser   Ozeane   Lebewesen

10 GEMACHT!

Teilen macht Spaß!

Du teilst mit deinen Freunden eine Pizza. Ihr müsst euch überlegen, in wie viele Teile ihr sie schneidet und wie viele Stücke jeder bekommt. Dabei hilft dir Bruchrechnung. Schreibe die Brüche richtig auf.

1. Du bekommst 2 von 6 Teilen. Der Bruch lautet $\frac{2}{6}$

2. $\frac{\Box}{7}$

3. $\frac{\Box}{8}$

4. $\frac{2}{\Box}$

5. $\frac{\Box}{4}$

6. $\frac{2}{\Box}$

7. $\frac{\Box}{2}$

8. $\frac{3}{\Box}$

9. $\frac{1}{\Box}$

10. $\frac{\Box}{9}$

Draw the line

Zeichne die Linie. Finde heraus, welche zehn englischen Wörter aus den Bereichen Erde und Natur gesucht sind. Schreibe sie auf.
Tipp: Die Anfangsbuchstaben sind bereits markiert.

1. Brücke

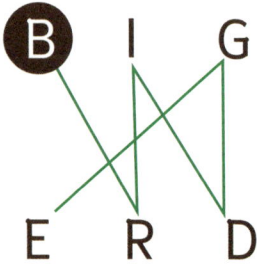

BRIDGE

2. Leuchtturm

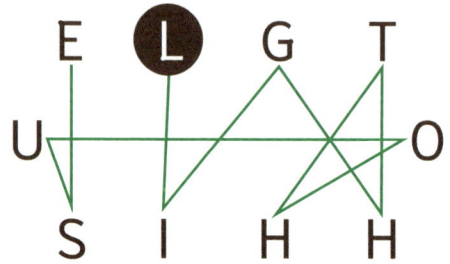

_____

3. Vulkan

_____

4. Insel

_____

Wortspeicher

island
biosphere
bridge
lighthouse
planet
oxygen
volcano
seawater
wilderness
weather

5. Wetter

W H R
T A
E E

_____

6. Biosphäre

R H S
B I
E E P O

_____

7. Wildnis

S **W** L E
E N
S I D R

_____

8. Sauerstoff

O Y E
X G N

_____

9. Planet

L N T
P A E

_____

10. Meerwasser

A E **S** A
T R E W

_____

Wild gemischt!

Nanu? Hier ist etwas ganz schön durcheinandergeraten!
Schreibe die Namen der zehn Tiere auf.

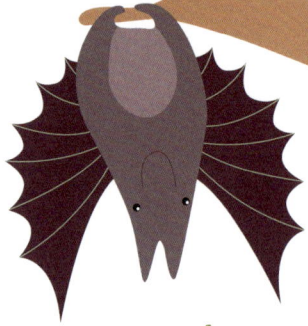

KODERBÄR

TINKOFISCH

PAGUGEI

LÖHORN

KABRA

FLEALAMAUS

KROTENDIL

KÄNPARU

1.
2.
3.
4.
5.
6.
7.
8.
9.
10.

ZEMEL

NASWE

Groß oder klein?

Wie schreibst du? Unterstreiche die richtige Schreibweise im Text.

1. Im **Winter / winter** ist es oft sehr kalt.

2. Der Januar ist der **erste / Erste** Monat im Jahr.

3. Bienen fliegen über Wiesen und **sammeln / Sammeln** Pollen.

4. Der Apfelbaum hat weiße **blüten / Blüten**.

5. Im Sommer gehen wir **Baden / baden**.

6. Eis am **stiel / Stiel** schmeckt köstlich.

7. Herbstzeit **ist / Ist** bunte Blätterzeit.

8. Der Dezember gehört nicht zu **Den / den** Herbstmonaten.

9. Wir feiern **Silvester / silvester** am Jahresende.

10. Die **Vier / vier** Jahreszeiten heißen: Frühling, Sommer, Herbst und Winter.

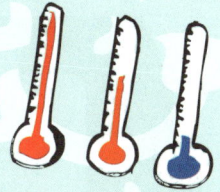

Experten-Quiz: Der blaue Planet

Jetzt ist es an der Zeit, dein Wissen unter Beweis zu stellen. Wie gut kennst du dich mit unserem Planeten aus? Beantworte die Fragen.

1.

Die Erde wird „blauer Planet" genannt, weil ...

A ... sie aus dem Weltall betrachtet größtenteils blau aussieht.

B ... vor einer Million Jahren ausschließlich Schlümpfe auf ihr lebten.

2.

Wie viel der Erd-oberfläche ist von Wasser bedeckt?

A Mehr als die Hälfte: 70 %

B Deutlich weniger als die Hälfte: 15 %

3.

Der Äquator hat einen Umfang von 40 075,017 Kilometern. Das ist die Strecke ...

A ... einmal um die Erde.

B ... von der Erde zum Mond.

4.

Wie viele Kontinente gibt es?

A 7

B 193

5.

**Ebbe und Flut
entstehen durch …**

A … starken Wind.

B … die Anziehungskraft
des Mondes.

6.

**Bevor glühend heiße
Lava bei einem
Vulkanausbruch an
die Oberfläche kommt,
heißt sie …**

A Magma.

B Marmelade.

7.

**Wie lange braucht die
Erde, um einmal die
Sonne zu umrunden?**

A Etwa ein Jahr
(365 Tage und
6 Stunden)
B Etwa zwei Tage
(1 Tag und
23 Stunden)

8.

**Welches Gerät
zeigt die
Himmelsrichtung an?**

A Stoppuhr

B Kompass

9.

**Wenn auf der nördlichen
Halbkugel Sommer ist,
dann ist auf der
südlichen Halbkugel …**

A … Winter.

B … auch Sommer.

10.

**Dinosaurier und
Menschen lebten
zur gleichen Zeit.**

A Richtig

B Falsch

What does it mean?

Was bedeutet es? Oft werden zum Thema Natur und Umwelt englische Wörter benutzt. Du hast sicherlich schon einige von ihnen gehört. Trage die richtigen Buchstaben ein.

4. ☐ ressource

7. ☐ Save water!

10. ☐ organic

5. ☐ to pollute

3. ☐ global warming

9. ☐ There is no Planet B.

8. ☐ Go green!

6. ☐ to recycle

1. ☐ energy

2. ☐ flood

Tierisches Silbenchaos

Setze die Silben zu zehn sinnvollen Wörtern zusammen und schreibe sie mit Artikel auf.

fuchs

fe

go

Le

Hai

Ha

we

ze

Fla

1. _____

2. _____

7. _____

Gi

fant

ko

3. _____

8. _____

Po

raf

dil

4. _____

9. _____

fisch

min

Ele

5. _____

10. _____

Kro

pard

Lö

6. _____

lar

o

se

Kat

44

Lückenfüller!

Kannst du diese zehn Rechenaufgaben lösen?
Schreibe die richtigen Zahlen in die Baumkronen.

1. $300 + 500 =$

2. $450 + = 850$

3. $255 - 125 =$

4. $654 - = 590$

5. $740 + = 1000$

6. $295 + = 1000$

7. $250 + 350 =$

8. $700 - 250 =$

9. $ + 45 = 300$

10. $800 - = 450$

10 GEMACHT!

meine TOP 10!

Fülle die Liste aus!

10 Dinge,
die sich auf der Erde ändern müssen

1. _____
2. _____
3. _____
4. _____
5. _____
6. _____
7. _____
8. _____
9. _____
10. _____

10 GEMACHT!

Hidden words

Versteckte Wörter? Findest du ganz leicht!

In jedem der zehn englischen Wörter ist ein anderes englisches
Wort verborgen. Suche diese Wörter und kreise sie ein.

1. MUSHROOM
2. BEAR
3. COLD
4. CLOUDS
5. CATERPILLAR

6. STARFISH
7. FAIR
8. POWER
9. PIGEON
10. BEAGLE

AIR   CAT   EAGLE   EAR   LOUD   OLD   PIG   ROOM   STAR   WE

Luft   Katze   Adler   Ohr   laut   alt   Schwein   Raum   Stern   wir

10 GEMACHT!

Wort, verwandle dich!

Wie wird aus dem Wort WELT das Wort DORF?
Ändere in jeder Zeile einen Buchstaben,
sodass ein neues Wort entsteht. Aufgepasst!
In jeder Zeile und in jeder Spalte darf nur ein
Buchstabe geändert werden.

1.

W	E	L	T
W	E		T
W			T
			T
D	O	R	F

2.

T	U	R	M
W	A	B	E

3.

B	A	N	K
W	I	L	D

4.

W	E	L	T
F	A	S	S

5.

M	A	U	S
L	I	S	T

6.

R	E	S	T
G	A	B	E

7.

W	A	L	D
K	I	N	O

8.

B	A	U	M
R	U	H	R

9.

T	E	I	L
K	O	R	N

10.

H	A	S	T
L	O	B	E

10 GEMACHT!

Umwelt-1×1

Behältst du hier den Überblick? Zähle die Bildelemente auf der Seite und trage die Zahlen in die Felder ein. Dann rechne aus.

1. Recycle ▢ · 4 = ▢
2. 💡 ▢ · 8 = ▢
3. ♻ ▢ · 14 = ▢
4. 🌀 ▢ · 4 = ▢
5. 🌳 ▢ · 25 = ▢
6. 🌍 ▢ · 10 = ▢
7. 🌱 ▢ · 3 = ▢
8. 🏷 ▢ · 6 = ▢
9. 🍂 ▢ · 2 = ▢
10. ☀ ▢ · 11 = ▢

meine TOP 10!

Fülle die Liste aus!

In einen Laubhaufen hüpfen

Spaziergang im Wattenmeer

Meine 10 besten
Erlebnisse in der Natur

1. _____
2. _____
3. _____
4. _____
5. _____
6. _____
7. _____
8. _____
9. _____
10. _____

GEMACHT!

Richtig oder falsch?
Umweltfakten im Check

Zahlen, Fakten, Statistiken – es gibt viele Infos rund um das Thema Umwelt. Wie gut kennst du dich aus? Check die Fakten und kreuze an, ob die Aussage stimmt oder nicht.

I. Die chemische Formel CO_2 steht für Kohlenstoffdioxid.

Richtig ◯ Falsch ◯

2. Laut Umweltbundesamt verbraucht die Herstellung eines College-Blocks aus Recyclingpapier 15 Liter Wasser, aus Frisch-faserpapier 50 Liter.

Richtig ◯ Falsch ◯

3. Handys können nicht recycelt werden.

Richtig ◯ Falsch ◯

4. Die Rostrote Mauerbiene trägt den Titel „Insekt des Jahres".

Richtig ◯ Falsch ◯

5. Am tiefsten Punkt der Erde, im Marianengraben in 11 000 Metern Tiefe, fanden Wissenschaftler eine Plastiktüte.

Richtig ◯ Falsch ◯

6. Unter einem Quadratmeter Wiese können zwischen 5 und 10 Regenwürmer leben.

Richtig ◯   Falsch ◯

7. Ein Flug von Berlin nach München über eine Strecke von etwa 500 Kilometer erzeugt mehr als 100 Kilogramm CO_2.

Richtig ◯   Falsch ◯

8. Senkst du die Waschtemperatur von 60 Grad auf 30 Grad, wird etwa dreimal so viel Energie verbraucht.

Richtig ◯   Falsch ◯

9. In Deutschland werden jedes Jahr geschätzt etwa 4,8 Milliarden Plastikstrohhalme in Schnellrestaurants ausgegeben.

Richtig ◯   Falsch ◯

10. Um ein T-Shirt herzustellen, wird kein Wasser verbraucht.

Richtig ◯   Falsch ◯

10
GEMACHT!

Bienentanz

Summ, summ, summ ...
Fliege über die Blumenwiese und löse diese Kettenaufgaben.
Schreibe die Ergebnisse in die Waben.

1. $95 \rightarrow -15 \rightarrow :4 \rightarrow :5 \rightarrow \cdot 6 =$

2. $17 \rightarrow +17 \rightarrow +36 \rightarrow \cdot 10 =$

3. $111 \rightarrow +221 \rightarrow -2 \rightarrow :33 \rightarrow \cdot 2 =$

4. $3 \rightarrow \cdot 15 \rightarrow :5 \rightarrow \cdot 9 =$

5. $10 \rightarrow +87 \rightarrow +3 \rightarrow \cdot 4 \rightarrow +25 \rightarrow :25 =$

6. $12 \Rightarrow \cdot 12 \Rightarrow - 4 \Rightarrow + 61 =$

7. $4 \Rightarrow + 4 \Rightarrow : 4 \Rightarrow + 4 \Rightarrow \cdot 4 \Rightarrow + 44 \Rightarrow : 4 =$

8. $9 \Rightarrow \cdot 9 \Rightarrow - 21 \Rightarrow \cdot 6 \Rightarrow + 40 \Rightarrow : 4 =$

9. $3 \Rightarrow \cdot 3 \Rightarrow \cdot 9 \Rightarrow - 21 \Rightarrow : 3 \Rightarrow \cdot 3 \Rightarrow \cdot 9 \Rightarrow - 21 =$

10. $15 \Rightarrow \cdot 11 \Rightarrow - 5 \Rightarrow : 4 =$

Knack den Code!

Finde heraus, welche Zahl für welchen Buchstaben steht, und entschlüssle die zehn Wörter.

1.

9	8	4	8	10

6.

8	3	1	8	10

2.

5	6	7	10	8	8

7.

5	6	7	1	2	4

3.

8	5	8	1

8.

1	2	6	7	8	10

4.

1	2	3	5

9.

5	6	7	1	2	3

5.

10	8	3

10.

2	10	1	2	4	8

Tipp:

Hier kannst du die Buchstaben eintragen, die du bereits herausgefunden hast.

1	2	3	4	5	6	7	8	9	10
		U	G	S					N

Blätter-Tohuwabohu

Der Wind hat das Laub durcheinandergepustet. Ordne die zehn
Baumarten den richtigen Blattformen zu.

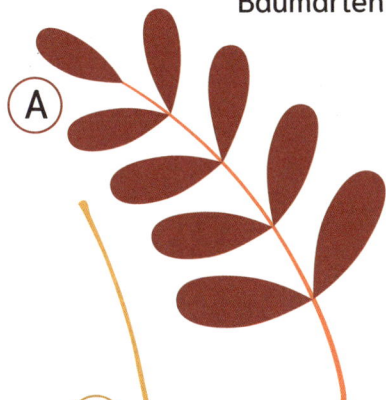

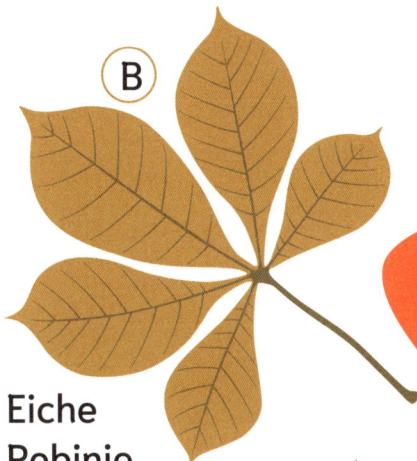

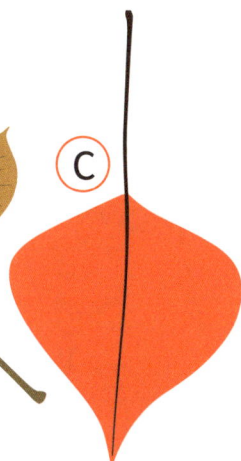

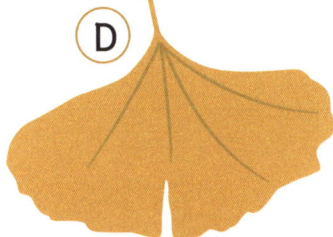

A

B

C

D

E

F

1. Eiche
2. Robinie
3. Silberahorn
4. Kastanie
5. Ginkgo
6. Linde
7. Birke
8. Fächerahorn
9. Buche
10. Pappel

G

H

I

J

10 GEMACHT!

Buchstabensalat

Die Buchstaben dieser zehn Wörter sind kräftig durcheinander-
geschüttelt. Bringe sie in die richtige Reihenfolge und schreibe sie auf.

1. O C H O T H Z N S I C

_____

2. T U I C S A M L K H Z

_____

3. N E N Z P A W E L F L T

_____

4. E M R A P E T T U R

_____

5. R A N D D W I

_____

6. P R O   D O N L

----

7. M O M E S   R   E

----

8. W I E T Z   E H E L L

----

9. M I S E L E   S P E R E G E

----

10. I E R W   T   N R

10 GEMACHT!

meine TOP 10!

Fülle die Liste aus!

Mit laufendem Motor im Auto warten

Müll in den Wald werfen

10 Dinge,
die umweltmäßig gar nicht gehen

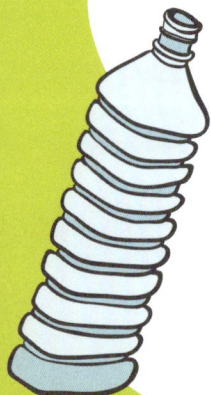

1. _____

2. _____

3. _____

4. _____

5. _____

6. _____

7. _____

8. _____

9. _____

10. _____

10 GEMACHT!

Fehlerteufel

Hier stimmt doch etwas nicht. Diese zehn Begriffe haben ziemlich viele Buchstaben. Und einer ist zu viel. Streiche den Fehlerteufel weg.

1. ÖKÖOLOGIE
2. WINDTRAD
3. KOMPOSTHAUFFEN
4. PFLASCHENPFAND
5. KREÄUTERGARTEN
6. FAHRRAHDTOUR
7. FLOHMARCKT
8. INSEKTENHOTTEL
9. WASSSERKREISLAUF
10. REGENWALDZ

GEMACHT!

Rechensteine

Um diese Hindernisse zu überwinden, brauchst du Köpfchen. Vervollständige die zehn Rechenmauern. Addiere die zwei nebeneinanderliegenden Steine und du erhältst die Summe des Steins darüber.

1

70	
59	
49	10

2

10	
	8
	1

3

558	
200	
	58

4

	85
42	42

5

345	
	231
	73	158

6

978	
	513
95		

7

401	
	11
		1

8

198	
75	
	57	

9

33	
	22
	11	

10

151	798
	46	

What's the weather like?

Wie ist das Wetter? Sonnig, wolkig oder regnet es? Lerne die wichtigsten englischen Begriffe kennen.

Today it's ...

1. _____

Today it's ...

2. _____

Today it's ...

3. _____

Today it's ...

4. _____

Today it's ...

5. _____

Today it's ...

6. _____

Today it's ...

7. _____

Today it's ...

8. _____

Today it's ...

9. _____

Today it's ...

10. _____

Wortspeicher

cloudy • cold • hot •
thundery • rainy •
snowy • stormy • sunny •
warm • windy

meine TOP 10!

Fülle die Liste aus!

Wasser bei der Klospülung

Küchenkrepp

10 Dinge,
die ich sparsam verwende

1. _____

2. _____

3. _____

4. _____

5. _____

6. _____

7. _____

8. _____

9. _____

10. _____

10 GEMACHT!

Verschlüsselte Aufgaben

Welches Bild steht für welche Zahl?
Schreibe die Zahlen in die Kästchen unter den Bildern.

1. 🌍 + 🌍 = 20

2. 7 · 7 = 🎃

3. 45 − 💡 = 40

4. 💡 · 🌍 = 🥕

5. 🥕 − 🎃 = 🗑

6. 🌸 · 🌸 + 91 = 100

7. 🥕 : 🌍 − 🌸 = 🍃

8. ☀ + 🗑 + 🍃 + 12 = 29

9. 🍃 · 🌸 · 🌍 = 🎈

10. 🐝 + 🌸 + 🍃 + ☀ = 31

[ ] [ ] [ ] [ ] [ ] [ ] [ ] [ ] [ ] [ ]

🌍 🎃 🗑 🌸 🥕 ☀ 🐝 💡 🍃 🎈

Erdkugel-do-ku

Das beliebte Zahlenrätsel Sudoku kennst du schon. Jetzt kommt eine kniffelige Aufgabe mit den Buchstaben K L I M A Z O N E. So geht's: In jeder Zeile (waagerechte Reihe), in jeder Spalte (senkrechte Reihe) und in jedem kleinen Quadrat dürfen die genannten Buchstaben jeweils nur einmal vorkommen.

A	N	Z		I	K		O	
L	O	N	Z			A	K	I
	K	O		A	L		Z	
	L	N		M	I	Z	K	
Z	M	E	K	I		L		
	I	K	Z	L			E	A
M	A			N	L		I	O
K	O		M	E	Z	N		L
	Z	L	I	A		K		E

Trage die Buchstaben aus den Kästchen mit den kleinen Zahlen hier ein. Wie lautet die Lösung?

1.	2.	3.	4.	5.	6.	7.	8.	9.	10.
		B							

What time is it?

Wie spät ist es? Ordne die Aussagen in den Sprechblasen den Uhren zu. Got it?

1. It is two o'clock.

2. Half past seven

3. A quarter to five

4. It is five o'clock.

5. Ten minutes past twelve

6. It is a quarter past eight.

7. It is exactly eleven.

8. Five minutes to ten

9. It is four thirty.

10. It is six o'clock.

A

B

C

D

E

F

G

H

I

J

GEMACHT!

meine TOP 10!

Fülle die Liste aus!

Meine 10 Wünsche
an die Erde der Zukunft

Schnee im Winter

1. _____
2. _____
3. _____
4. _____
5. _____
6. _____
7. _____
8. _____
9. _____
10. _____

Kein Plastikmüll im Meer

10 GEMACHT!

Weißt du es?

Weißt du, wofür diese Umweltsymbole stehen? Verbinde die Bilder mit den richtigen Begriffen.

1.   Recycling

2.   Windenergie

3.   Solarenergie

4.   Verkehrswende

5.   Ladestation für Elektrofahrzeuge

6.   Elektrofahrzeug

7.   Umweltschutz

8.   Abfallentsorgung / Mülltrennung

9.   Wasser sparen

10.   Energiesparlampen

Zeitzonen

Nicht überall auf der Welt ist die gleiche Uhrzeit wie bei dir zuhause.
Wann ist es wo auf der Welt wie spät? Wie groß ist der Zeitunterschied?
Beantworte die zehn Fragen anhand der Karte.

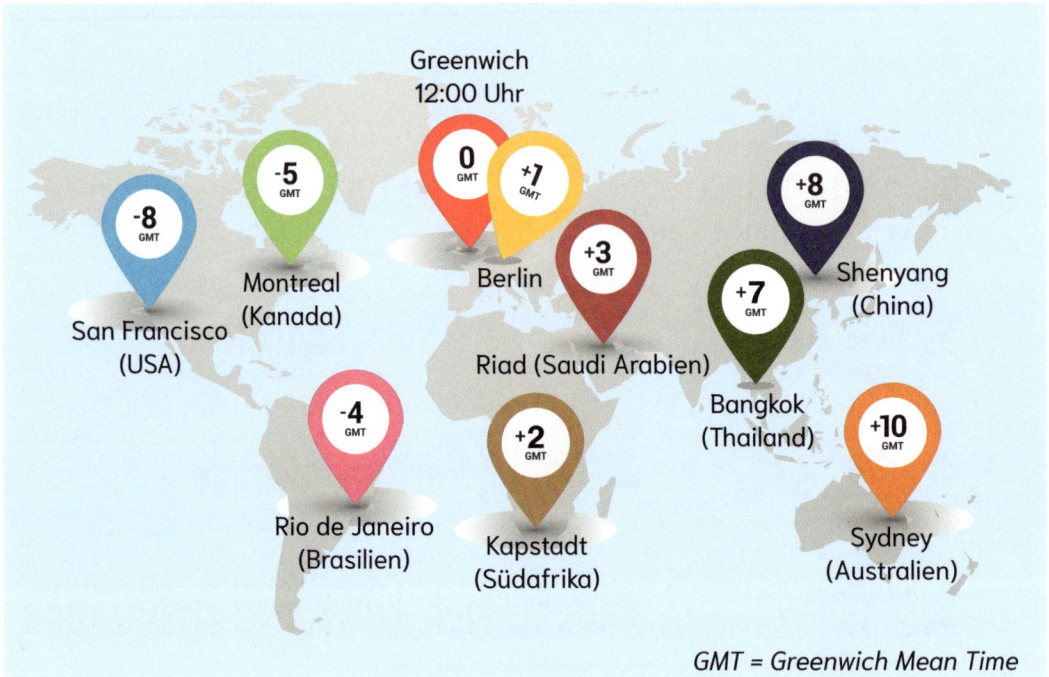

Greenwich
12:00 Uhr

-8 GMT San Francisco (USA)

-5 GMT Montreal (Kanada)

0 GMT Berlin

+1 GMT

+3 GMT Riad (Saudi Arabien)

+8 GMT Shenyang (China)

+7 GMT Bangkok (Thailand)

-4 GMT Rio de Janeiro (Brasilien)

+2 GMT Kapstadt (Südafrika)

+10 GMT Sydney (Australien)

GMT = Greenwich Mean Time

1. Wenn in Berlin morgens um 8:00 Uhr die Schule beginnt,
   wie spät ist es dann in Sydney?

   _____

2. Wie groß ist der Zeitunterschied zwischen San Francisco und Montreal?

   _____

3. Tom aus Kapstadt ruft um 10:00 Uhr seinen Freund Ben in Montreal an.
   Um wie viel Uhr hat er ihn geweckt?

   _____

4. In Riad in Saudi Arabien ist es 19:30 Uhr. Und in Bangkok?

   _____

5. Ein WM–Fußballspiel beginnt in Rio de Janeiro um 16:00 Uhr. Wie spät ist es dann bei den Fans in Berlin?

_____

6. Zwischen San Francisco und Bangkok liegen wie viele Stunden Zeitunterschied?

_____

7. Zwischen Berlin und Kapstadt liegen fast 10 000 Kilometer Luftlinie, aber nur eine Stunde Zeitunterschied, im Sommer sogar Zeitgleichheit. Stimmt das?

_____

8. Wenn es in Shenyang 14:00 Uhr ist, zeigen die Uhren in Riad 9:00 Uhr. Richtig oder falsch?

_____

9. In Bangkok startet ein Flugzeug um 9:45 Uhr in Richtung Greenwich. Nach zwölf Stunden kommt es an. Wie spät ist es bei der Landung in Greenwich vor Ort?

_____

10. Su aus Shenyang schreibt eine E-Mail an Mary in Sydney. Die antwortet um 15:30 Uhr Ortszeit. Wie spät ist es dann bei Su?

_____

Lösungen

Seite 4

```
    S
    O
    N
    N               B
W E L T K U G E L   L
    U           Ä
    K   V       T
    H   U       T
M   E   L       E
E   N   W O L K E R
N   S   I   K A N
S   C   N   A N
C   H E R Z
H   E   A
E   G R Ü N D
```

Seite 5

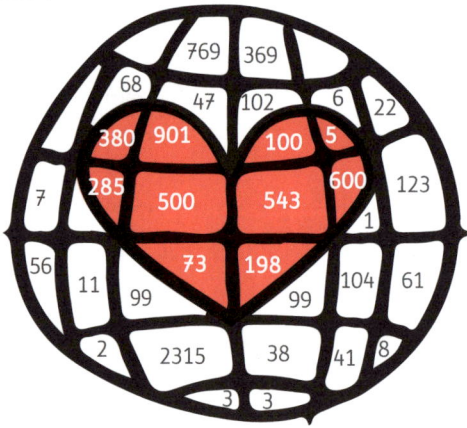

Seite 6

one

six

two

seven

three

eight

four

nine

five

ten

Seite 7

1. 2. 3. 4. 5.

6. 7. 8. 9. 10.

Seite 9

```
                    10.
                     E
1. M E E R E S B O D E N
                     D
2. W O L K E N
                     U
                     N
3. N O R D P O L
                     D
                     U
4. J A H R E S Z E I T E N
                     U
5. O Z E A N E
                     T
                     E
6. E I S Z E I T
                     R
                     I
7. E A R T H
                     I
8. S C H N E E
                     H
9. K O N T I N E N T E
```

Seite 10

1. Laub – Staub
2. Welt – Zelt
3. Müll – Tüll
4. Topf – Kopf
5. Laus – Haus
6. Rest – Fest
7. Wind – Kind
8. Seil – Beil
9. Sand – Hand
10. Reim – Schleim

Seite 11

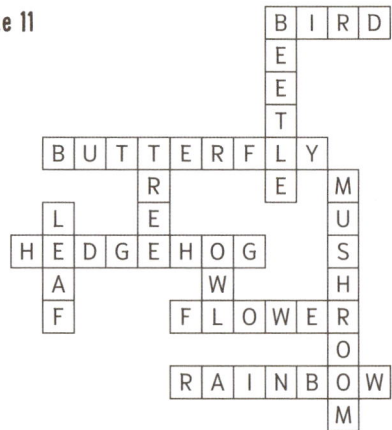

```
                        B I R D
                        E
                        E
                        T
        B U T T E R F L Y
            R       E   M
            L   E       U
H E D G E H O G         S
    L       W           H
    F       F L O W E R O
                        O
        R A I N B O W
                        M
```

Seite 12

1. $48 : 12 < 5$
2. $6 \cdot 7 = 7 \cdot 6$
3. $123 + 456 < 999$
4. $15 \cdot 4 < 63$
5. $70 : 7 = 3 + 7$
6. $11 \cdot 10 > 85 + 24$
7. $4 \cdot 75 < 325 - 21$
8. $34 + 56 = 78 + 12$
9. $2 \cdot 15 + 7 > 10 : 5 + 24$
10. $24 : 8 = 1 + 2$

Seite 13

1.	FUCHS	BAU	WAGEN
2.	REGEN	WASSER	MANN
3.	SOMMER	ZEIT	ALTER
4.	MOND	SCHEIN	WERFER
5.	STERNEN	ZELT	PLANE
6.	OHR	MUSCHEL	KALK
7.	LAGER	FEUER	WERK
8.	KINDER	GARTEN	ZWERG
9.	ZIER	KÜRBIS	SUPPE
10.	BIENEN	STOCK	BROT

Seite 14–15

1. + 3. = Muscheln, 2. + 14. = Astgabel,

4. + 5. = Erdkugel, 6. + 10. = Berghang,

7. + 12. = Regentag, 8. + 16. = Meerenge,

9. + 15. = Ostküste, 11. + 13. = Aasgeier,

17. + 20. = Waldtier, 18. + 19. = Horizont

Seite 16

Seite 18

A 4, B 7, C 9, D 6, E 5, F 3, G 8, H 10, I 2, J 1

Seite 19

Seite 20–21

1.
2.
3.
4.
5.
6.
7.
8.
9.
10.

Seite 22

1.	**6**	Regel: Ab 1 jede 2. Zahl + 1, ab 9 jede 2. Zahl – 1
2.	**3**	Regel: +/– 0, + 1, – 2
3.	**4**	Regel: – 1
4.	**26**	Regel: Ab 10 jede 2. Zahl + 1, ab 20 jede 2. Zahl + 2
5.	**27**	Regel: + 1, + 2, + 3, + 4, + 5
6.	**567**	Regel: + 111
7.	**32**	Regel: – 11
8.	**21**	Regel: + 3
9.	**4003**	Regel: + 999, + 2
10.	**576**	Regel: · 2

Seite 24–25

1. KANADA, 2. BRASILIEN, 3. ARGENTINIEN,
4. DEUTSCHLAND, 5. RUSSLAND, 6. CHINA,
7. INDIEN, 8. AUSTRALIEN, 9. ÄGYPTEN,
10. SÜDAFRIKA

Seite 26

Seite 27

1. – wolf
2. – chicken
3. – gorilla
4. – dog
5. – bear
6. – cow
7. – horse
8. – duck
9. – frog
10. – human

Seite 29

Seite 30–31

1. REGENBOGEN, 2. SAUERSTOFF, 3. WETTERHAHN
4. WALDGEBIET, 5. ATMOSPHÄRE, 6. SÄUGETIERE,
7. TIERFÄHRTE, 8. BAUMKRONEN, 9. JAHRESZEIT,
10. POLARLICHT

Seite 32

1. Geschirr (kein geologischer Ausdruck)
2. nass (kein Synonym für umweltbewusst)
3. Wald (kein Gewässer)
4. Katze (kein Insekt)
5. Schweiz (kein Kontinent)
6. schwitzen (kein Begriff des Recyclings)
7. Waschmaschine (kein Naturbegriff)
8. frisch (keine Farbe)
9. Tulpe (kein Baum)
10. Turnhalle (kein geologischer Ausdruck)

Seite 34

Alles begann vor etwa 4,6 Milliarden Jahren, als die Erde noch kein fester Körper war, sondern eine sich drehende **STAUBWOLKE** im **WELTALL**. Sie bestand vor allem aus dem Element **WASSERSTOFF**. Schließlich berührten sich die Staubteilchen, „klebten" aneinander und bildeten eine **KUGEL**. Es entstand ein **PLANET** aus kochend heißem Gestein: unsere Erde.

Es dauerte viele Millionen Jahre, bis sich die Erde abgekühlt hatte. Zunächst erstarrte das Gestein an der **ERDOBERFLÄCHE**. Später verdichtete sich Wasserdampf zu **WASSER**. In den tiefer gelegenen Teilen der Oberfläche entstanden die **OZEANE** und die ersten bakteriengroßen **LEBEWESEN**. Das Besondere an der Erde ist ihre Lufthülle, die **ATMOSPHÄRE**.

Seite 35

1. $\frac{2}{6}$ 2. $\frac{2}{7}$ 3. $\frac{3}{8}$ 4. $\frac{2}{6}$ 5. $\frac{3}{4}$

6. $\frac{2}{5}$ 7. $\frac{1}{2}$ 8. $\frac{3}{10}$ 9. $\frac{1}{3}$ 10. $\frac{4}{9}$

Seite 36–37

1. BRIDGE, 2. LIGHTHOUSE, 3. VOLCANO, 4. ISLAND, 5. WEATHER, 6. BIOSPHERE, 7. WILDERNESS, 8. OXYGEN, 9. PLANET, 10. SEAWATER

Seite 38

1. Löwe, 2. Nashorn, 3. Koalabär, 4. Fledermaus, 5. Papagei, 6. Känguru, 7. Tintenfisch, 8. Krokodil, 9. Kamel, 10. Zebra

Seite 39

1. Winter, 2. erste, 3. sammeln, 4. Blüten, 5. baden, 6. Stiel, 7. ist, 8. den, 9. Silvester, 10. vier

Seite 40–41

1. A, 2. A, 3. A, 4. A, 5. B, 6. A, 7. A, 8. B, 9. A, 10. B

Seite 42–43

1. E, 2. B, 3. C, 4. D, 5. I, 6. F, 7. A, 8. J, 9. H, 10. G

Seite 44

1. der Hase, 2. das Krokodil, 3. der Elefant, 4. der Flamingo, 5. die Katze, 6. der Haifisch, 7. die Giraffe, 8. der Leopard, 9. der Löwe, 10. der Polarfuchs

Seite 45

1. 300 + 500 = **800**
2. 450 + **400** = 850
3. 255 – 125 = **130**
4. 654 – **64** = 590
5. 740 + **260** = 1000
6. 295 + **705** = 1000
7. 250 + 350 = **600**
8. 700 – 250 = **450**
9. **255** + 45 = 300
10. 800 – **350** = 450

Seite 47

1. MUSH**ROOM**, 2. B**EAR**, 3. **COLD**, 4. **CLOUD**S, 5. **CAT**TERPILLAR, 6. **STARF**ISH, 7. F**AIR**, 8. POWE**R**, 9. **PIG**EON, 10. B**EAGLE**

Seite 48–49

1.
W	E	L	T
W	E	R	T
W	O	R	T
D	O	R	T
D	O	R	F

2.
T	U	R	M
W	U	R	M
W	A	R	M
W	A	R	E
W	A	B	E

3.
B	A	N	K
B	A	N	D
W	A	N	D
W	A	L	D
W	I	L	D

4.
W	E	L	T
W	E	S	T
F	E	S	T
F	A	S	T
F	A	S	S

5.
M	A	U	S
L	A	U	S
L	A	U	T
L	A	S	T
L	I	S	T

6.
R	E	S	T
R	A	S	T
G	A	S	T
G	A	S	E
G	A	B	E

7.
W	A	L	D
W	I	L	D
W	I	N	D
K	I	N	D
K	I	N	O

8.
B	A	U	M
R	A	U	M
R	A	H	M
R	U	H	M
R	U	H	R

9.
T	E	I	L
K	E	I	L
K	E	I	N
K	E	R	N
K	O	R	N

oder

10.
H	A	S	T
H	A	B	T
L	A	B	T
L	O	B	T
L	O	B	E

H	A	S	T
H	A	S	E
H	O	S	E
L	O	S	E
L	O	B	E

Seite 50

1. $5 \cdot 4 = 20$
2. $4 \cdot 8 = 32$
3. $10 \cdot 14 = 140$
4. $8 \cdot 4 = 32$
5. $5 \cdot 25 = 125$
6. $1 \cdot 10 = 10$
7. $3 \cdot 3 = 9$
8. $7 \cdot 6 = 42$
9. $12 \cdot 2 = 24$
10. $3 \cdot 11 = 33$

Seite 52–53

1. Richtig.

2. Richtig.

3. Falsch. In alten Handys sind Rohstoffe wie Gold, Silber, Kobalt und Kupfer enthalten, die recycelt werden könnten. Handys gehören nicht in die Hausmülltonne, sondern müssen getrennt gesammelt werden.

4. Richtig.

5. Richtig.

6. Falsch. Unter einem Quadratmeter Wiese können zwischen 100 und 400 Regenwürmer leben.

7. Richtig.

8. Falsch. Senkst du die Waschtemperatur, sinkt auch der Energieverbrauch.

9. Richtig.

10. Falsch. Um ein T-Shirt herzustellen, werden etwa 4000 Liter Wasser verbraucht.

Seite 54–55

1. 24, 2. 700, 3. 20, 4. 81, 5. 17, 6. 201, 7. 17,
8. 100, 9. 519, 10. 40

Seite 56

1. Regen, 2. Schnee, 3. Esel, 4. Laus, 5. neu, 6.
Eulen, 7. Schlag, 8. lachen, 9. schlau, 10. Anlage

1.	2.	3.	4.	5.	6.	7.	8.	9.	10.
L	A	U	G	S	C	H	E	R	N

Seite 57

1. Eiche, I   6. Linde, J

2. Robinie, A   7. Birke, F

3. Silberahorn, E   8. Fächerahorn, G

4. Kastanie, B   9. Buche, H

5. Ginkgo, D   10. Pappel, C

Seite 58–59

1. Ozonschicht, 2. Klimaschutz, 3. Pflanzenwelt,
4. Temperatur, 5. Windrad, 6. Nordpol,
7. Sommer, 8. Hitzewelle, 9. Meeresspiegel,
10. Winter

Seite 61

1. ÖK~~Ö~~OLOGIE
2. WIND~~T~~RAD
3. KOMPOSTHAUF~~F~~EN
4. ~~P~~FLASCHENPFAND
5. K~~R~~EÄUTERGARTEN
6. FAHRRA~~H~~DTOUR
7. FLOHMAR~~C~~KT
8. INSEKTENHOT~~T~~EL
9. WASS~~S~~ERKREISLAUF
10. REGENWALD~~Z~~

Seite 62–63

1.

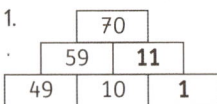

	70	
59		11
49	10	1

2.

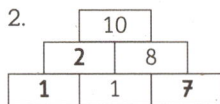

	10	
2		8
1	1	7

3.

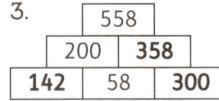

	558	
200		358
142	58	300

4.

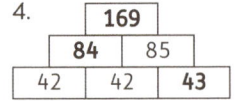

	169	
84		85
42	42	43

5.

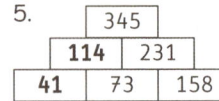

	345	
114		231
41	73	158

6.

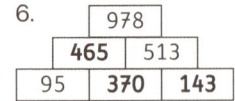

	978	
465		513
95	370	143

7.

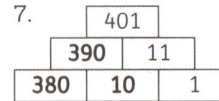

	401	
390		11
380	10	1

8.

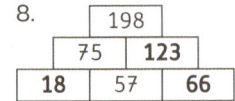

	198	
75		123
18	57	66

9.

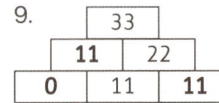

	33	
11		22
0	11	11

10.

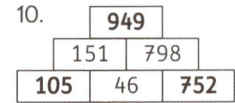

	949	
151		798
105	46	752

Seite 64–65

1. cold, 2. sunny, 3. cloudy, 4. hot, 5. rainy,
6. windy, 7. snowy, 8. warm, 9. thundery,
10. stormy

Seite 67

1. $10 + 10 = 20$
2. $7 \cdot 7 = 49$
3. $45 - 5 = 40$
4. $5 \cdot 10 = 50$
5. $50 - 49 = 1$
6. $3 \cdot 3 + 91 = 100$
7. $50 : 10 - 3 = 2$
8. $14 + 1 + 2 + 12 = 29$
9. $2 \cdot 3 \cdot 10 = 60$
10. $12 + 3 + 2 + 14 = 31$

Seite 68

A	N	Z	L	I	K	E	O	M
L	M	O	N	Z	E	A	K	I
I	K	E	O	M	A	L	N	Z
E	L	N	A	O	M	I	Z	K
Z	A	M	E	K	I	O	L	N
O	I	K	Z	L	N	M	E	A
M	E	A	K	N	L	Z	I	O
K	O	I	M	E	Z	N	A	L
N	Z	L	I	A	O	K	M	E

1.	2.	3.	4.	5.	6.	7.	8.	9.	10.
K	A	B	E	L	K	A	N	A	L

Seite 69

1. F — It is two o'clock.

2. B — Half past seven

3. J — A quater to five

4. D — It is five o'clock.

5. H — Ten minutes past twelve

6. G — It is a quater past eight.

7. C — It is exactly eleven.

8. E — Five minutes to ten

9. A — It is four thirty.

10. I — It is six o'clock.

Seite 71

1. — Recycling
2. — Windenergie
3. — Solarenergie
4. — Verkehrswende
5. — Ladestation für Elektrofahrzeuge
6. — Elektrofahrzeug
7. — Umweltschutz
8. — Abfallentsorgung / Mülltrennung
9. — Wasser sparen
10. — Energiesparlampen

Seite 72–73

1. 17:00 Uhr
2. 3 Stunden
3. 3:00 Uhr
4. 23:30 Uhr
5. 21:00 Uhr
6. 15 Stunden
7. Ja, das stimmt.
8. Richtig.
9. 14:45 Uhr
10. 13:30 Uhr

Bibliografische Information der Deutschen Nationalbibliothek

Die Deutsche Nationalbibliothek verzeichnet diese Publikation in der Deutschen Nationalbibliografie; detaillierte bibliografische Daten sind im Internet über http://dnb.dnb.de abrufbar.

Das Wort **Duden** ist für den Verlag Bibliographisches Institut GmbH als Marke geschützt.

Bibliographisches Institut GmbH, Mecklenburgische Straße 53, 14197 Berlin

Redaktionelle Leitung Constanze Schöder, Ina Koslowski
Redaktion Christina Braun
Autorin Kristina Offermann
Illustrationen Merle Goll (Rahmen: S. 66 / Meine Top10!-Buttons: S. 8, 17, 23, 28, 33, 46, 51, 60, 66, 70), Karoline Jakubik (Rahmen: S. 32, 56), Sabine Mielke (Rahmen: S. 10, 61 / Mach10!-Sticker) vom Atelier Unterseecafé
Herstellung Maike Häßler
Layout und Satz Atelier Unterseecafé – Merle Goll, Karoline Jakubik und Sabine Mielke
Umschlaggestaltung 2issue, München
Umschlagillustration ONYXprj/Shutterstock.com (Heldin mit Maske); mhatzapa/Shutterstock.com
Druck und Bindung Grafisches Centrum Cuno GmbH & Co. KG, Gewerbering West 27, 39240 Calbe (Saale)
Printed in Germany

ISBN 978-3-411-72047-7
www.duden.de